Die Börse als Jagd

Tom Reimer

Essay

In Anlehnung an

José Ortega y Gassets „Meditationen über die Jagd"

Illustriert von Matthias Dettmann

Waldszene

Finster steht der Wald, die Kälte der Nacht hat ihren Höhepunkt überschritten und der Morgennebel legt sich über das Feld. Allein streift der Jäger durch das taunasse Gras zu seinem Hochsitz am Waldesrand. In einer Stunde wird die Sonne aufgehen. Langsam und leise schleicht er voran, steigt die Leiter empor hinein in seinen Verschlag. In der Thermoskanne ist heißer Tee mit Rum und Zucker, im Rucksack sind zwei Schinkenbrötchen. Er gießt ein, trinkt und isst, sieht hinaus in die Dunkelheit, kaut, lehnt sich zurück und wartet. Vollkommene Ruhe. Nur der Atem durchrauscht die Luft. Gedanken dringen in sein Unterbewusstsein. Er überlegt, schließt die Augen. Die Flinte mit doppeltem Lauf liegt vor ihm auf dem Brett, geölt und geladen. Draußen zeichnen die Umrisse der Bäume und Büsche allmählich den Morgen. Aus der Dunkelheit erwacht das Leben. Im Gebüsch knackt es. Der Jäger lauscht, nimmt seine Flinte zur Hand, entsichert. Er lauert. Da tritt der Hirsch aus dem Wald aufs Feld, steht still, schaut, wittert und geht weiter. Dem Hirsch folgen Hindinnen, Junghirsche und Kälber. Ein großes Rudel zieht zur morgendlichen Äsung.

Der Jäger wartet. Seine Sinne sind hellwach, sein Herz schlägt schnell. Er betrachtet das Rudel, wählt aus und legt an. Im richtigen Augenblick drückt er ab. Das Rudel stiebt auseinander und flieht in Richtung Wald. Das getroffene Tier sinkt zu Boden.

Jagdinstinkt

Das Jagen, mit dem Ziel und der Notwendigkeit, sich selbst, seine Nachkommen und Artgenossen zu ernähren und am Leben zu erhalten, ist dem Menschen seit seiner Entstehung eigen. Wir können diese menschliche Fähigkeit und Eigenschaft als angeborenen Instinkt betrachten, als inneren Naturtrieb, der sich in der Aktivität der Jagd äußert.

Urwälder bedeckten einst die Kontinente. Es herrschte eine große Artenvielfalt, die den Menschen nährte. Mit dem massiven Wachstum unserer Population verringerten sich die Flächen der Wälder, die Vielfalt der Arten und die Größe, der für die Ernährung bedeutsamen Wildbestände. Heute ist es nur noch wenigen Menschen möglich, ihrem Jagdinstinkt durch die waidmännische Jagd in der Natur zu folgen.

Da der Jagdinstinkt, als unerschütterlicher Urtrieb dem modernen Menschen der Gegenwart aber ebenso innewohnt, wie er dem frühen Menschen innewohnte, schuf und schafft er sich neue Wege und Formen, um sein Bedürfnis zu befriedigen und dieser natürlichen Beschäftigung nachgehen zu können.

Es sei hier die Behauptung und These aufgestellt und im Folgenden näher erläutert, dass die Börse im Kapitalismus eine solche Form ist - eine Einrichtung, die der Befriedigung des Jagdinstinktes dient.

Gehirn

Das Substrat für diesen Instinkt, der Ort aus dem er entspringt, ist das Gehirn. Hier sitzen die Eigenarten und Eigenschaften, die uns nicht allein von anderen Tieren, sondern ebenso voneinander unterscheiden. Die Gehirnstrukturen zweier Menschen ähneln sich zwar im Groben, doch unterscheiden sie sich in der Feinstruktur - der Art und Anzahl der Verknüpfungen zwischen den Neuronen. Diese Unterschiede, teils angeboren, teils erworben, sind verantwortlich für die Variabilität in der Ausprägung menschlicher Fähigkeiten.

Der Waidmann muss, um erfolgreich zu sein, neben einer besonderen Schärfe seiner Sinne außerdem über einen Erfahrungsschatz verfügen, den er durch zahlreiche Erlebnisse und Fehlschläge erworben hat. Er jagt das ihm in seiner Gehirnleistung, in seiner Intelligenz unterlegene Tier. Trotz dieses Vorteils ist die Jagd für ihn eine Herausforderung, denn auch das Wild ist intelligent.

Je vitaler es ist, desto schwieriger gestaltet sich die Jagd. Diese Schwierigkeit, das Überlisten eines anderen Lebewesens mit Hilfe der eigenen Geisteskraft, ist wesentlich. Sie macht den Reiz der Jagd aus und steht womöglich noch vor dem Motiv des Erfolgs, der erfolgreichen Jagd. Die Möglichkeit des Entkommens des

Wildes und des Leerausgehens des Jägers ist ebenso wesentlich. Erfolg und Misserfolg stehen sich gegenüber. Dazwischen steht der Intellekt.

Findet an der Börse Ähnliches statt? Was wird hier gejagt? Mit welchem Ziel, mit welcher Motivation?

An der Börse stehen sich Individuen ein und derselben Art gegenüber, deren Ziel es ist, durch Spekulation einen Gewinn zu erzielen. In Übereinstimmung mit der waidmännischen Jagd ist die Tätigkeit selbst - das Spekulieren oder das Überlisten des Anderen als die ursprüngliche und mit dem Jagdtrieb assoziierte geistige Beschäftigung - reizvoll. Der Gewinn kann neben Glück und Zufall, nur durch Geschick, List und Strategie, also durch geistige Überlegenheit erzielt werden.

Die aus der Unterschiedlichkeit der Menschen bezüglich ihrer Fähigkeiten und Hirnstrukturen resultierende Überlegenheit bzw. Unterlegenheit einzelner Individuen ist die Grundvoraussetzung für die Jagd, bei der es immer Jäger und Gejagte geben muss. Stünden sich an der Börse Menschen mit denselben Eigenschaften und Fähigkeiten, derselben Hirnstruktur und geistigen Leistungsfähigkeit gegenüber, gäbe es bei gleichen äußeren Bedingungen und Einflüssen keine Bewegung, kein Schwanken der Kurse, kein Kaufen und Verkaufen.

Die Ungleichheit zwischen einzelnen Menschen ist wesentlich geringer als die zwischen Mensch und Wild: Sie ist die Ungleichheit unter Artgenossen. Mit der Abnahme der Ungleichheit, mit der Verringerung des intellektuellen Abstands, steigt die Herausforderung, die Schwierigkeit und somit der Reiz der Jagd. Aufgrund der geringeren Unterschiede zwischen Jäger und Gejagten ist der Wettstreit an der Börse weitaus fairer als der Wettstreit im Wald.

An der Börse wird nicht das Geld, nicht der Gewinn gejagt, sondern der Mensch selbst. Er jagt Seinesgleichen, seinen Artgenossen und Mitmenschen. Der Andere, der Ungleiche, der ebenfalls Teilnehmer der Jagd an der Börse ist, wird zum Gejagten. Wer Jäger und wer Gejagter ist, lässt sich nicht immer leicht bestimmen, denn aufgrund der intellektuellen Ähnlichkeit der Börsenteilnehmer kann ein Jäger sehr schnell zum Gejagten und ein Gejagter zum Jäger werden.

Selektionsmaschine

Bei der Jagd an der Börse gewinnt der geistig Überlegene, der Schnellere, der Klügere, der Listigere. Der geistig weniger Vitale verliert. Er ist das Wild, das Opfer, der Erlegte, die Beute.

In Zeiten großer Kapitalakkumulation in wenigen Händen kann die aus ihr resultierende Macht zu Manipulationen und damit zu erkauften oder erzwungenen Gewinnen führen. Ein Jäger mit einer Rakete statt einem Gewehr erlegt das gesamte Rudel und vernichtet somit den Wildbestand.

Die Börse ist eine riesige Selektionsmaschine: Dem erfolgreichen Jäger entsteht ein finanzieller Vorteil. Dem Erjagten ein finanzieller Nachteil.

Menschen zeigen ähnliche Bedürfnisse und unterliegen dem gleichen Druck, verursacht durch den Mangel an Ressourcen. So wird der Andere an der Börse zum Konkurrenten, ja geradezu zum Feind, den es zu erlegen gilt. Die Konkurrenz zwischen den einzelnen Individuen in einer Ordnung des Wettbewerbs um den Profit ist neben dem Urtrieb zur Jagd eine weitere Ursache für die Jagd an der Börse.

Der Sachverhalt des gegenseitigen Jagens der Börsenteilnehmer ist vielleicht nicht unmittelbar offensichtlich, doch zeigt er sich mit der Vergegenwärtigung des realen

Umstands, dass einem Verkauf an der Börse immer ein Kauf gegenübersteht und letztendlich derjenige verliert, der zu spät kauft oder zu früh kauft bzw. verkauft.

Nicht jeder wird sich an der Börse als Jäger fühlen. Der Börsianer ist sich der Tatsache oft nicht bewusst, dass der eigene Gewinn immer auf Kosten eines Gegenübers, eines Unterlegenen erlangt wird. Dieses Gegenüber ist nicht sichtbar, es bleibt anonym. So ist die unbewusste und anonyme Jagd eine Besonderheit des globalen Jagdreviers der Börse.

Gefühl und Vernunft

Die waidmännische Jagd ist wie die Jagd an der Börse von Emotionalität, von der Vorherrschaft des Gefühls geprägt. Ihre Ausübung wird geht mit Spannung, Angst, Glücksgefühlen, mit Euphorie und Depression einher. Das Gefühl ist für das Bestehen der Jagd von herausragender Bedeutung. Es bestimmt zum größten Teil ihren Verlauf.

Die Vernunft, das berechnende Vorgehen, die Mathematik sind die Feinde der Jagd an der Börse. Die alleinige Herrschaft der Rationalität würde zum Ausrotten des Wildes, zur Vernichtung des Unterlegenen führen, deren Existenz jedoch die Voraussetzung für die Jagd ist.

Der Mensch ist mit beiden Merkmalen ausgestattet. Gefühl und Vernunft kommunizieren in enger Wechselwirkung. So ist es kaum möglich, allein nach dem Verstand oder allein nach dem Gefühl zu handeln und es besteht, solange nicht autarke Maschinen den gesamten Handel dominieren, keine Gefahr einer Zerstörung der Jagd an der Börse.

Computer können mehr Wissen speichern als das menschliche Gehirn. Vom Menschen geschriebene Algorithmen der künstlichen Intelligenz können dieses Wissen nutzen und anwenden. Es ist jedoch fraglich, inwieweit selbstlernende

Systeme Wissensinhalte kreativ zu neuem Wissen zusammenfügen können. Das aber ist entscheidend für den Erfolg an der Börse. Alles Wissen aus der Vergangenheit vermag die Zukunft nicht vorherzusagen.

So muss der Jäger immer darauf gefasst sein, dass etwas Unerwartetes geschieht, er muss mit allem rechnen und vorbereitet sein. Der Jäger im Wald kann von einem wutentbrannten Eber angegriffen werden. Der Jäger an der Börse wird von der Attacke eines Milliardärs oder einem schwarzen Schwan überrascht.

Der Jagd vorausgehen muss unzweifelhaft die geistige Tätigkeit, die geschickte Planung, die Analyse des Umfeldes und der Bedingungen und Verhältnisse, die direkten oder indirekten Einfluss haben. Während der Jagd bedarf es erhöhter Aufmerksamkeit, außerordentlicher Wachheit und großer Vernunft, um Situationen richtig zu beurteilen und mögliche Gefahren rechtzeitig zu erkennen.

Die Vernunft scheint für den Erfolg von größter Bedeutung zu sein. Sie ist beim Menschen in unterschiedlichem Maße ausgeprägt. Es sei hier der „Verstandesmensch", dessen Wesen in erster Linie von der Vernunft geprägt ist, vom „Gefühlsmensch", der vornehmlich von seinen Gefühlen geleitet wird, unterschieden. Ersterer wäre, sollte sein Verstand nicht etwa ausschließlich mathematisch geprägt sein, an der Börse letzterem überlegen.

Der Gefühlsmensch wird vom Verstandesmensch gejagt. Der Verstandesmensch ist eher dazu in der Lage, in einer von Gefühlen dominierten Phase der Euphorie zu verkaufen und der Depression zu kaufen. Er kann jedoch nicht gewinnen, ohne in seiner Strategie das Gefühl berücksichtigt zu haben. Er muss sich in sein Gegenüber hineindenken und hineinfühlen können. Er muss empathisch sein und den Anderen ebenso verstehen, wie seine eigenen Gefühle.

Der Verstand obsiegt, bei gewisser Eignung und nur in Kooperation mit dem Gefühl, über das Gefühl.

Masse

Das Gefühl ist der Antrieb der Massen. Die großen Menschenmassen sind nicht zu jeder Zeit direkte Teilnehmer der Börse. Die einzelnen Massenglieder verfügen nicht über die nötige finanzielle Kraft, sie sparen oder lassen ihr kleines Vermögen von Fremden verwalten. Sie zeichnen sich im Allgemeinen durch große Unerfahrenheit und Beeinflussbarkeit aus. Sie können an die Börse gelockt, wie das Wild angefüttert oder durch eine Art Treibjagd mit gezielten Medienkampagnen und Manipulationsstrategien aus ihrer Trägheit gerissen werden.

Sie sind die für die Jagd unbedingt erforderlichen Unterlegenen. So wird kein Aufwand, keine Anstrengung gescheut, um sie anzulocken und aufzutreiben. Die Masse wird an die Börse gelockt, um sie jagen und erlegen zu können.

Sie ist der Sardinenschwarm, von dem man wissen muss wo und in welcher psychologischen Verfassung er sich befindet. Der Schwarm drängt bald in die eine und bald in die andere Richtung. Er verursacht Kursbewegungen beträchtlichen Ausmaßes.

Hält sich diese Masse im Verborgenen, ist sie inaktiv und lässt sich nicht aus ihrem Versteck locken, so bestimmt die Gruppe der beständig an der Börse aktiven, der erfahrenen Jäger und der durch Reichtum Privilegierten das Geschehen. Sie bilden ebenfalls eine Masse in der die für die Jagd essentiellen Unterschiede zwischen den Einzelnen existieren. Anders als bei der Treibjagd auf die aus relativ einheitlichen, gleichgerichteten Individuen bestehende Masse, den Schwarm, kommt es in ihr zu einer differenzierteren Jagd, einem Wettstreit unter heterogenen Teilnehmern.

Betrachten wir eine solche heterogene, differenzierte Masse: Der Handel verläuft ruhig, ohne große Auffälligkeiten und Schwankungen. Die Teilnehmer gehen allein ihren Strategien nach und folgen ihren Gedanken. Nun dringt in diese ruhige Betriebsamkeit von außen eine Information, eine neue Idee. Sie beeinflusst das Denken, die Gefühle und das Handeln einiger Teilnehmer und verbreitet sich schnell. Mehr und mehr Menschen folgen dieser Idee. Eine besondere Aufmerksamkeit entsteht. Die Suggestion führt zur weiteren Ausbreitung und am Ende steht die dysphorisch oder euphorisch einheitlich handelnde Masse.

Die Euphorie und die Depression, als die beiden psychologischen Extreme der Börse, werden durch einheitlich handelnde Massen hervorgerufen, die zuvor aus einer heterogenen Masse entstanden sind. Diese einheitlich handelnde Masse wird vom Gefühl geleitet. Ihre Psychologie ist allein von ihm bestimmt. Der Vernunft wird es nun möglich, diese Masse zu jagen und von ihrem emotional gelenkten Verhalten zu profitieren. Es sei denn, sie ist bereits selbst angesteckt und mitgerissen.

Was ist es, wonach hier gejagt wird? Ist es die Menschenmasse, der Mensch oder jagt man gar lediglich nach dem Gefühl, nach der vom Gefühl dominierten Psychologie der Massen?

Die Psychologie unterliegt einer Dynamik, die zum Teil unvorhersehbar, zum Teil beeinflussbar ist. Diese Dynamik der Psychologie, ihr Zeitverlauf ist entscheidend für das Handeln des Jägers. Um erfolgreich zu sein, muss er die augenblickliche Konstitution, die psychologische Verfassung der Masse erkennen und richtig interpretieren.

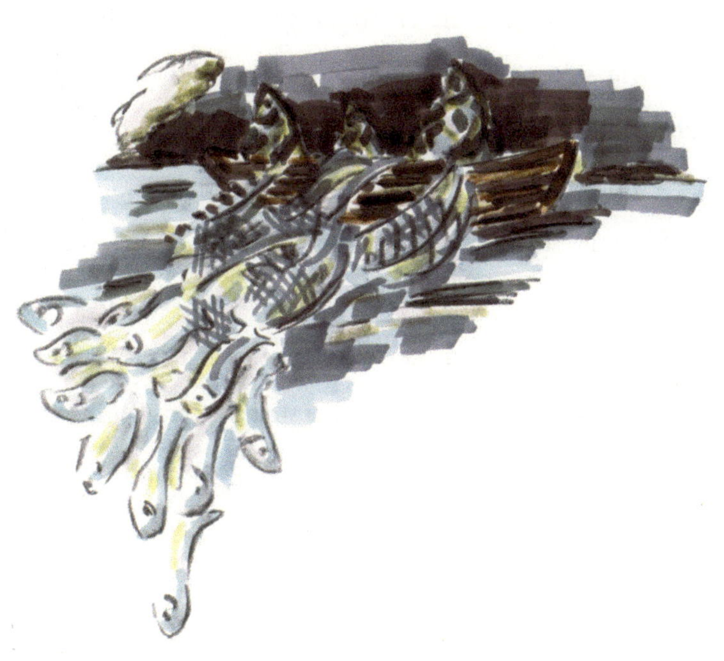

Augenblick

Wie selten ist doch der Erfolg des Waidmannes, wie selten bekommt er das Wild in richtiger Position und Entfernung zu Gesicht, wie selten ist der Schuss! Wie wichtig ist es, in diesem Augenblick schnell und doch ruhig zu handeln!

Das Wild ist an der Börse bei weitem nicht so selten wie in den heutigen Kulturwäldern, die längst ihre Größe und Ursprünglichkeit verloren haben. Die Vermehrung des Menschen, hat dazu geführt, dass dieser im Gegensatz zu Wald und Wild, beinahe überall vorhanden ist. Es treibt ihn zur Börse, an der er fernab des Waldes und der Natur seinem Jagdinstinkt folgen kann.

Anders als im Wald besteht hier gegenwärtig kein Mangel an Wild und doch scheint die Häufigkeit des Erfolgs gering, der Gewinn selten.

Ausschlaggebend für den Erfolg ist das Treffen der richtigen Entscheidung im richtigen Augenblick. Die Zeit besteht aus Augenblicken, winzigen, gegen nichts gehenden Augenblicken. In jedem dieser Augenblicke erscheint die Welt neu und verändert. Die Veränderung ist die Eigenschaft der Zeit. Auf sie muss die volle Aufmerksamkeit des Jägers an der Börse gerichtet sein. Er muss, um nicht selbst zum Opfer zu werden, rechtzeitig schießen

- den richtigen Augenblick abwarten, erkennen und sofort zuschlagen. Verpasst er ihn, wird er selbst zum Gejagten.

Die Veränderung der Kurse, die Umsätze und Volumina, die Veränderung der Mitmenschen, ihre finanzielle Situation und Stimmung helfen dabei, das potenzielle Wild aufzuspüren und seine Verfassung zu erkunden. Nur der, der weiß, wo und in welchem psychologischen Zustand es sich befindet, kann es im rechten Augenblick erlegen.

Dem Jäger an der Börse steht für diesen Zweck kein Hund zur Verfügung, er muss selbst zur Spürnase werden und sich fragen, wo der Andere gerade ist, wo er investiert. Nur dort kann er ihn jagen.

Sein Augenmerk sollte nicht allein auf den Unternehmen und ihren potenziellen Zukunftsaussichten liegen, sondern vielmehr auf den Investoren. Er muss sich fragen: Wer investiert und wer spekuliert gegenwärtig? Was wissen die Investoren? Wo liegen die Motive? Versuchen sie zu täuschen? Was ist ihre List? Wie handelt die Masse?

Eine plötzliche auftretende Wildheit an der Börse signalisiert häufig die Gegenwart des Wildes.

Jäger

Die List, die Fähigkeit zum Überlisten, ist vielleicht die wesentlichste Eigenschaft, die den Jäger auszeichnen sollte. Das Werkzeug, das er dazu benötigt, ist sein Gehirn. Er muss seinen Verstand und seine Vernunft, seine Sinne und sein Gefühl einsetzen. Er muss eine Strategie erfinden, eine Technik, mit der er die Schwierigkeiten der Jagd überwinden kann. Dazu benötigt er Phantasie. Er muss grübeln, seine Gedanken und Informationen miteinander verknüpfen und kombinieren. Er muss die Betrügereien der Anderen durchschauen und sie sich zunutze machen. Er muss sich lange und gründlich vorbereiten. Viel Zeit investieren. Er muss weite Streifzüge unternehmen, das Wild suchen, es aufspüren. Er muss sich der Gefahr bewusst sein, der er sich aussetzt. Denn anders als bei der Jagd im Wald, kann er an der Börse selbst getroffen werden. Er muss versuchen, sich zu schützen, muss schneller sein als der Andere. Er muss mutig sein. Er muss Erfahrung besitzen. Er muss über Menschenkenntnis verfügen und die Spielarten menschlichen Verhaltens kennen.

Die Börse ist Menschenwerk. Sie wurde vom Menschen erdacht. Sie ist nicht ethisch oder humanitär, sondern spiegelt vielmehr das Raubtier im Menschen. Ihre Instabilität ist Kennzeichen der Labilität, die allem Lebendigen eigen ist.

Der Jäger muss das Wild scharfen Blickes erspähen. In die Zukunft kann er nicht sehen. Erweisen sich seine Strategien und Ideen als falsch, muss er sein Verhalten sofort ändern.

Er muss sich in den Anderen hineinversetzen können, nachahmen, mitfühlen, die Gedankengänge mitdenken, mit unendlicher Ausdauer und Geduld verfolgen um im nächsten Augenblick den eigenen Verstand zu gebrauchen und schnell, nüchtern und kühl zu handeln. Kurz: Ausmachen - Verfolgen - Erlegen.

Der Waidmann geht hinaus in die Natur. Der Mann der Börse bleibt in seinem Zimmer. Fernab des Waldes sitzt er allein in seinem Sessel, verfolgt ruhig, doch aufmerksam das Geschehen und denkt nach.

Kritik

Im Gegensatz zur waidmännischen Jagd ist die Jagd an der Börse unblutig. Der Gejagte wird hier nicht getötet aber geschädigt. Der Jäger zielt darauf ab, ihm sein Geld abzujagen. Er kennt diesen anderen Menschen, seinen Artgenossen nicht. Vielleicht stammt er aus demselben Land, gehört demselben Kulturkreis an, ist gar der Nachbar, oder er sitzt am anderen Ende der Welt.

Welche Auswirkungen hat die Jagd unter Artgenossen? Was passiert, wenn der Mensch seinesgleichen jagt? Ist diese Art der Jagd widernatürlich? Führt sie letztendlich zu seiner Vernichtung? Ist sie, wenn sie aller Ethik entbehrt und ohne die Schonung der Gejagten ausgeführt wird, eine Vorstufe zum Bürgerkrieg, zu einer Art Kannibalismus?

Mit der Jagd auf den Anderen, den Konkurrenten, die charakteristisch ist für den Kapitalismus mit seiner Börse, wird möglicherweise das Funktionieren von Gemeinschaft und Gesellschaft beeinträchtigt. Das Gefühl der Verbundenheit entsteht lediglich im Kleinen, in Gruppen, die sich den Zwängen entziehen. Ist der Andere die potenzielle Beute, kann es kein Vertrauen, kein friedliches Verhältnis zwischen den Menschen geben. Die Börse kann die schlechten menschlichen

Eigenschaften, den Geiz, Ehrgeiz, Egoismus und die Gier befördern.

Das Jagen des geistig Schwächeren, global oder innerhalb eines Kulturkreises, steht den humanitären Werten entgegen. Die Nächstenliebe, die Achtung und der Respekt vor dem Anderen, die Ehrfurcht vor der Natur werden begraben unter dem thronenden Gott des Geldes. Der Mensch wird zum berechnenden Zahlenmenschen.

Es herrscht eine einseitig geprägte Kultur, in der es dem Einzelnen kaum möglich ist, seine Fähigkeiten zu entfalten. Das Selbst wird unterdrückt und zum Streben nach Reichtum getrieben. Es ist unzufrieden und unruhig. Der Mensch vergisst die ihm innewohnenden Werte, vergisst seine eigene Natur wie die ihn umgebende, vergisst seine Verantwortung gegenüber allen ihm unterlegenen Lebewesen. Er vergisst, dass er selbst Natur ist und zerstört sich, indem er die Natur zerstört.

Er geht auf die Jagd nach dem Mitmenschen, sucht die unerfahrene menschliche Masse aufzuspüren, aufzutreiben und anzulocken, um sie für sich zu nutzen und sich selbst zu bereichern. Geht er bei dieser Jagd zu weit, kann das Jagdfeld zum Schlachtfeld werden.

Sind wir Menschen, nachdem wir den Wald und das Wild dezimiert haben, nun durch den riesigen globalen Wettstreit, der Jagd an der Börse, im Begriff uns selbst zu dezimieren?

Börsenszene

Es ist schon hell im Zimmer. Das Licht der Morgensonne strahlt durch die mit Seidenschals verhangenen großen Fenster und wandelt die Farbe des Holzfußbodens ins Orangene. Allein sitzt der moderne Jäger mit einem Kaffee in seinem bequemen Ohrensessel. Aus dem Radio tönt die Stimme einer Sprecherin. Vor vier Jahren hat er, nach ausführlicher Überlegung, eine beträchtliche Anzahl Aktien eines relativ kleinen Unternehmens erworben. Seine damals entwickelte Strategie hat er bis heute verfolgt und sie scheint aufgegangen. Das Unternehmen ist bekannt und der Kurs bis auf das Zehnfache des Einstiegskurses gestiegen. Ihm ist diese Tatsache bewusst, sie rührt seit einigen Monaten an sein Gemüt. Es war nicht leicht, solange zu warten und er könnte noch länger warten. Der Gewinn würde sich vielleicht noch vergrößern. Er nimmt seine Tasse, trinkt, sieht zum Fenster. Im Kaffee ist Zucker. Sein Gehirn arbeitet. Er lässt die letzten zwei Jahre an sich vorbeiziehen, versucht die Verfassung, das Motiv der gegenwärtig in diesem Titel spekulierenden Teilnehmer zu ergründen. Er wägt ab. Das Radio ist aus, die Ruhe beinahe vollkommen, nur sein Atem durchrauscht die Luft. Er schließt die Augen und überlegt. Der

Rechner liegt neben ihm auf dem Tisch. Er hat seinen Entschluss getroffen. Seine Sinne sind hellwach, sein Herz schlägt schnell. Er verkauft.

Impressum

1. Auflage 2025 © Tom Reimer

Alle Rechte vorbehalten

Text Tom Reimer

Illustration Matthias Dettmann

Verlag: BoD · Books on Demand GmbH,
Überseering 33, 22297 Hamburg, bod@bod.de
Druck: Libri Plureos GmbH, Friedensallee 273,
22763 Hamburg

königsblau kapital, Rothspalk

Printed in Germany

ISBN 978-3-7693-5497-3